**Ernst Probst**

# Asta Nielsen - Deutschlands erster Filmstar

GRIN Verlag

**Bibliografische Information der Deutschen Nationalbibliothek:**

Die Deutsche Bibliothek verzeichnet diese Publikation in der Deutschen National-
bibliografie; detaillierte bibliografische Daten sind im Internet über http://dnb.d-
nb.de/ abrufbar.



**Impressum:**

Copyright © 2012 GRIN Verlag, Open Publishing GmbH
Druck und Bindung: Books on Demand GmbH, Norderstedt Germany
ISBN: 978-3-656-18978-7

**Dieses Buch bei GRIN:**

http://www.grin.com/de/e-book/193662/asta-nielsen-deutschlands-erster-filmstar

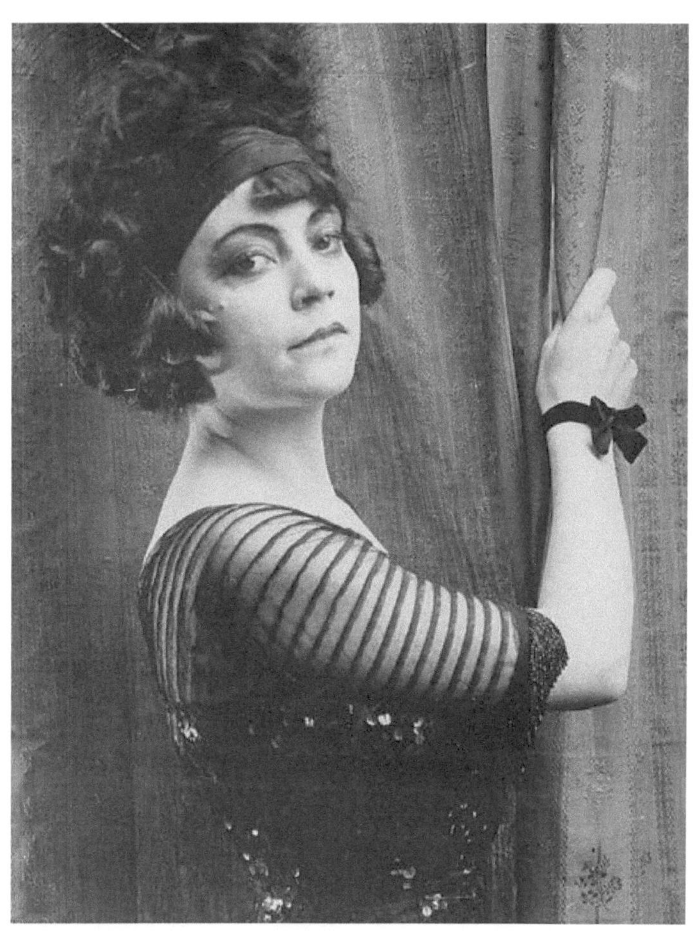

*Asta Nielsen (1881–1972)*
*als Stella im Film „Der schwarze Traum" (1911)*

Ernst Probst

# *Asta Nielsen*

Deutschlands
erster Filmstar

*Beate Werner,*
*Bernd Werner,*
*Marianne Werner,*
*Otto Werner,*
*Sonja Werner,*
*Dr. Jochen Werner,*
*Christine Werner und*
*Steffen Werner*
*gewidmet*

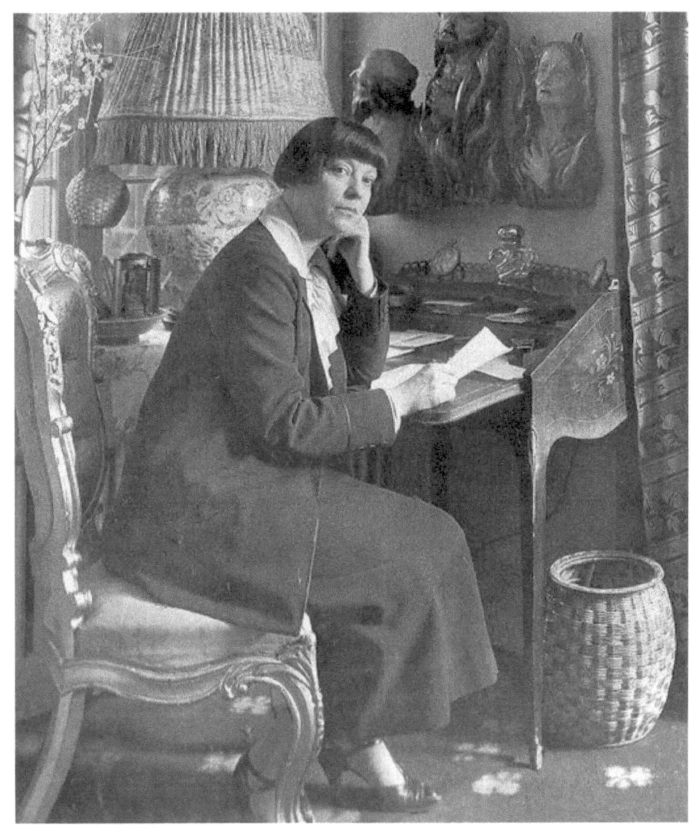

*Asta Nielsen 1925 in ihrer Berliner Wohnung*

# Asta Nielsen

## Deutschlands erster Filmstar

Der erste große Star im frühen deutschen Film war die dänische Schauspielerin Asta Nielsen (1881–1972), geborene Asta Sofie Amalie Nielsen. Nach Ansicht von Experten ist sie die erste Schauspielerin der Welt gewesen, die durch eine ernste dramatische Leistung den Film aus dem Niveau der Farce zum künstlerischen Schauspiel erhob. Nach ihr sind einst sogar Kinos benannt worden.

Asta Sofie Amalie Nielsen kam am 11. September 1881 als zweite und jüngste Tochter des Arbeiters Jens Christian Nielsen (1847–1895) und der Waschfrau Ida Frederikke Nielsen (1843–1912), geborene Petersen, in Kopenhagen zur Welt. Ihre Mutter musste noch am Tag der Geburt arbeiten, um das Geld für die Hebamme zu verdienen. Ihr Vater war Maurer von Beruf, konnte jedoch nach einem Unfall nur noch leichtere Tätigkeiten ausführen. Die erste Tochter hieß Johanna und war viereinhalb Jahre älter als Asta.

Die Eltern zogen Mitte 1882 von Dänemark nach Malmö in Schweden, wo sie auf ein besseres Leben hofften. In Malmö arbeitete der Vater als Geselle in einer Dampfmühle. Als Asta neun Jahre alt war, starb

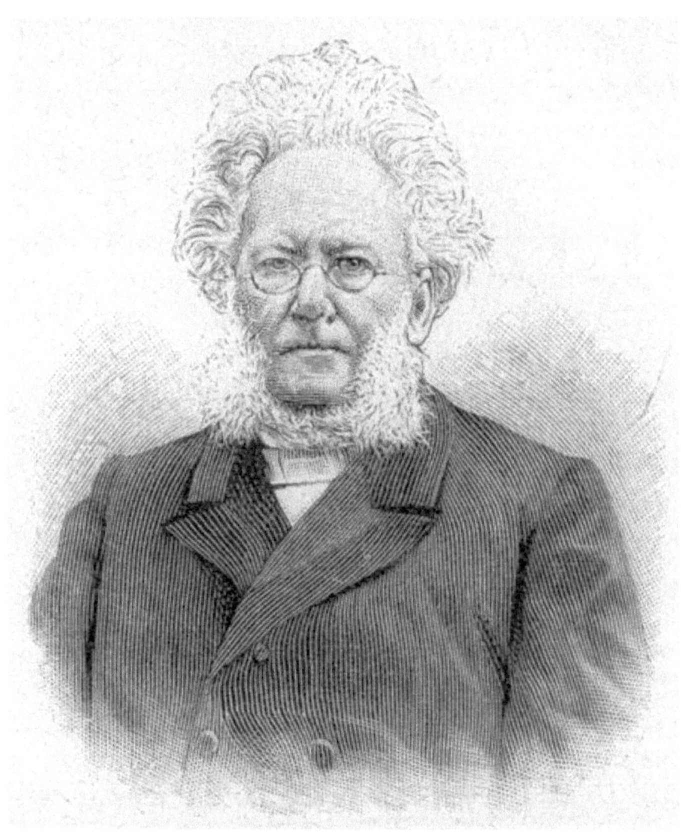

*Henrik Ibsen (1828–1906)*

ihr Onkel in Dänemark, der eine Brauerei besaß, und ihr Vater sollte sich als einziger Erbe melden. Zum Leidwesen der Familie bestand die erhoffte reiche Hinterlassenschaft nur aus einem mit Büchern gefüllten Schreibtisch. Bis 1895 besuchte Asta die Schule in Malmö, danach sind die Eltern nach Dänemark zurückgekehrt.

Bei der Lektüre des Dramas „Brand" von Henrik Ibsen (1828–1906) reifte in Asta Nielsen der Wunsch, Schauspielerin zu werden. Sie las dieses Werk täglich und fing eines Tages an, die Agnes zu spielen. Wegen ihres hübschen Gesichts und ihrer schönen Altstimme nahm man sie bereits mit zwölf Jahren in den Chor des „Königlichen Theaters" in Kopenhagen auf. Dorthin hatte sie ihr Schullehrer geschickt und kam sie mit der Welt des Theaters in Berührung. Bei ihrem ersten Auftritt auf der Bühne trug sie als einer von vielen kleinen Engeln ein weißes Gewand mit goldenen Flügeln. Im Alter von 14 Jahren verlor sie 1895 ihren Vater.

Nach dem Tod des Vaters verließ Asta Nielsen die Schule. Sie entschied sich für die Schauspielerei und nahm privaten Unterricht bei dem befreundeten Schauspieler Peter Jernsdorff (1842–1926), der sie auch finanziell unterstützte.

Mit 16 Jahren gehörte Asta Nielsen als Elevin der Schauspielschule des „Königlichen Theaters" in Kopenhagen an. Damals studierte sie nächtelang fleißig

Rollen. Als 18-Jährige hatte sie ihren ersten Auftritt im Kopenhagener „Dagmar-Theater". Bei dieser Premiere musste die junge Asta eine 50-jährige Frau mimen. Da ihr eher tragische Rollen zusagten, kam sie zunächst kaum zum Einsatz. Später musste sie aber für eine verhinderte Kollegin im Lustspielfach einspringen und konnte bald erste große Erfolge verbuchen. Danach wechselte sie an das „Neue Theater", wo sie ernste Rollen spielte.

Im Alter von 20 Jahren brachte Asta Nielsen ihre uneheliche Tochter Jesna (1901–1964) zur Welt. Wer der Vater dieses Mädchens war, blieb ihr ganzes Leben lang ihr Geheimnis.

1909 legte der norwegische Autor Thomas Krag (1863–1913) der inzwischen anerkannten Theaterschauspielerin Asta Nielsen ein Filmmanuskript vor. Doch für die Bühnenschauspielerin Asta war es zu dieser Zeit unter ihrer Würde, zu filmen. Bald danach musste das „Dagmar-Theater" wegen finanzieller Probleme ein Jahr lang die Operette „Dollarprinzessin" von Leo Fall (1873–1925) aufführen. Asta, andere Schauspielerinnen und der Theatermaler Urban Gad (1879–1947) wurden entlassen.

In der Not beschlossen Urban Gad und Asta Nielsen, einen Film zu drehen. Gad betätigte sich als Autor und Regisseur, Nielsen übernahm für 200 Kronen die weibliche Hauptrolle. Asta Nielsens erster Film „Afgrunden" („Abgründe", 1910) wurde ein sensationeller Erfolg. Der auf primitivste Weise entstandene 900 Meter lange Streifen, ein schauerliches Melodram, ging von Kopenhagen aus rund um die Welt.

Nach dem Erfolg von „Afgrunden" wurde Asta Nielsen vom Berliner Filmstudio „Bioskop", der Vorgängerin der „Universum-Film-AG" („UFA"), dazu verpflichtet, pro Jahr acht Filme in Deutschland zu drehen. Im Frühjahr 1911 wechselten Asta Nielsen und Urban Gad zum Studio „Bioskop". Später arbeitete Asta für die „Union" und für die „PAGU" in Neubabelsberg, ebenfalls eine Vorgängerin der „UFA".

Beim Filmstudio „Bioskop" drehte ab 1909 der in Chemnitz (Sachsen) geborene Filmpionier, Fotograf und Kameramann Guido Seeber (1879–1940) seine ersten Filme. Er leistete Pionierarbeit und schuf die Grundlagen, auf denen andere berühmte Kameramänner der deutschen Stummfilmzeit – wie Karl Freund, Fritz Arno Wagner und Carl Hoffmann – aufbauen konnten.

Der deutsche Kameramann Guido Seeber drehte zusammen mit dem dänischen Regisseur Urban Gad eine Serie von Stummfilmen, in denen Gads Ehefrau Asta Nielsen eine Rolle spielte. Seeber arbeitete z. B. 1911 bei den Nielsen-Filmen „Heißes Blut", „Nachtfalter", „Der Schwarze Traum", „Im großen Augenblick", „Der fremde Vogel" und „Die Verräterin" mit.

In den Filmen „Nachtfalter" (1911), „Der fremde Vogel" (1911) und „Die arme Jenny" (1912) verkörperte Asta

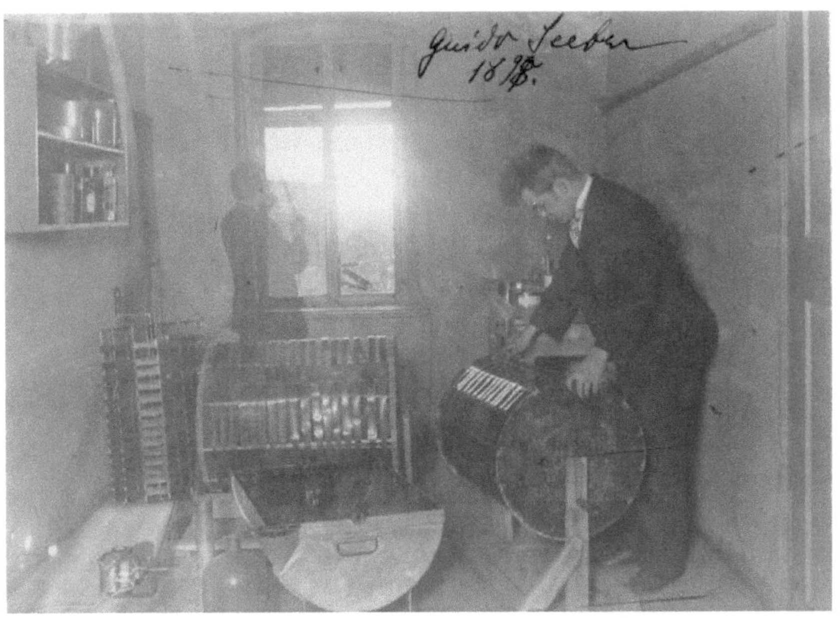


*Guido Seeber (1879–1940) mit Filmtrockentrommel 1898*

Nielsen eindrucksvoll Frauen in dramatischen Konflikten, die ihr geordnetes Leben durch unstandesgemäße Liebschaften gefährden.

Am 11. Mai 1912 heiratete Asta Nielsen ihren Freund und Regisseur Urban Gad. In der Folgezeit lebte sie mit ihm in Berlin. Mit Gad realisierte sie insgesamt 33 Stummfilme.

Besonders erfolgreich war die Schauspielerin Asta Nielsen in dem Film „Engelein" (1913). In diesem Streifen spielte sie mit 32 eine 17-Jährige, die vor ihrem Erbonkel aus den USA eine Zwölfjährige mimen musste und ihn am Ende sogar noch heiratete.

Ebenfalls 1913 sah man Asta Nielsen in dem Film „Der Student von Prag". Die Doppelgänger-Aufnahmen in diesem Film gehören zu den wichtigsten Leistungen des Kameramanns Guido Seeber. Letzterer erhielt in der Tonfilmzeit nur noch durchschnittliche Aufgaben und erlitt 1932 einen Schlaganfall, der ihn bei der aktiven Kameraarbeit behinderte.

Wenn Asta Nielsen in den 1910-er Jahren vor der Filmkamera stand, lag ihr kein Drehbuch vor, das genau festlegte, was sie zu tun habe. In ihren Filmmanuskripten hieß es beispielsweise: „Asta hat jetzt ihre große Szene". Nur grob wurde die Handlung beschrieben. Es war die Sache von Asta, wie sie ihre große Szene gestaltete.

Nach Ansicht von Kennern avancierte Asta Nielsen zum ersten großen Star des Stummfilms. Es gilt in

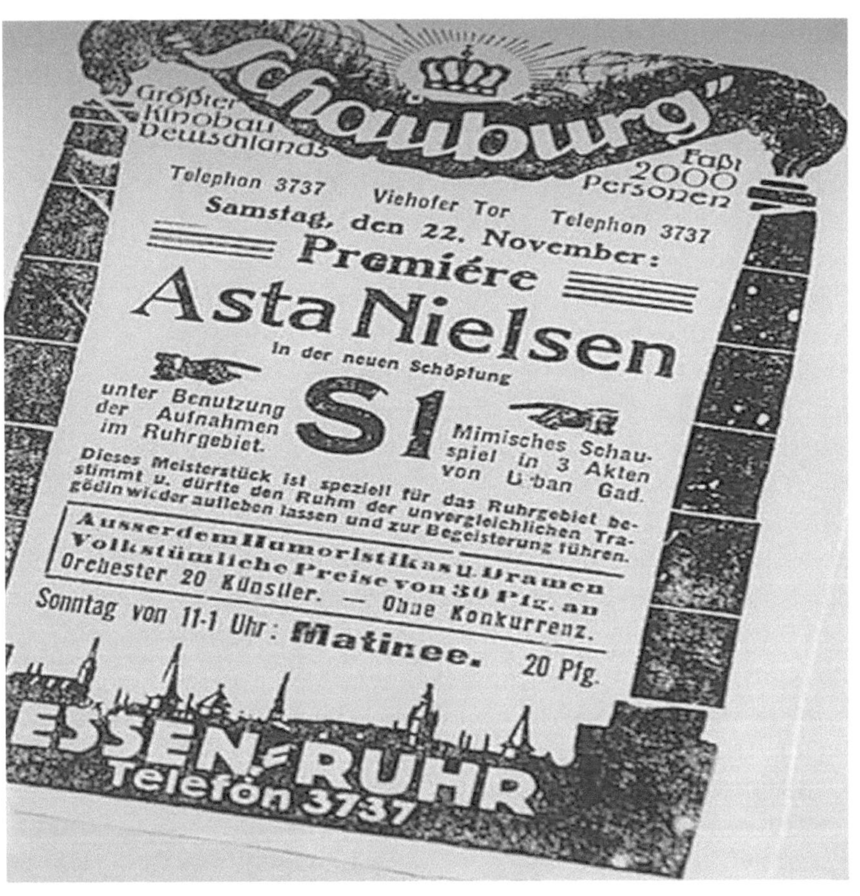


Zeitungsanzeige anlässlich der Premiere des Films „S1"
von Asta Nielsen
am 22. November 1913 im Kino „Schauburg" in Essen

großem Maße als ihr Verdienst, dass der Film die Niederungen eines „Tingeltangelvergnügens" verließ. Vor ihr hatte man im Film die Sprache durch einen enormen Aufwand an pathetischen Bewegungen ersetzt. Asta dagegen verzichtete auf übertriebene Gebärden. Oft protestierte sie gegen kitschige Filmmanuskripte und -rollen.

Die gertenschlanke und attraktive Asta Nielsen mit dem sinnlichen Mund, den großen, brennenden schwarzen Augen und der Pagenfrisur wurde bald zum Liebling des Kinopublikums. Ihr „erotischer Hüftschwung" brachte Männer um den Verstand. In Madrid geriet ein Mann wegen ihr so in Erregung, dass er auf die Kinoleinwand schoss, wo Asta zu sehen war. Es hieß, bei ihr sei nichts unmöglich. Mühelos verwandelte sie sich in alles nur Erdenkliche: in die Unwiderstehliche, Schöne, Dame, Hässliche, Grausame oder Verkommene. Sie ließ sich auf kein Rollenfach festlegen und stellte gebrochene, leidende Frauen, Prostituierte, Tänzerinnen und Arbeiterinnen dar.

Der Starrummel um ihre Person machte Asta Nielsen sehr zu schaffen. In Berlin wurde ihr Leben zur Hölle. Sie wagte sich deswegen kaum noch vor die Tür. Unbehelligtes Einkaufen war nicht möglich. Im Theater zog sie die Vorhänge der Loge so dicht zu, dass sie die Vorstellung fast nicht mehr sehen konnte. Fans kauften, Bilder, Postkarten und Büsten von ihr, als ob sie eine Heilige wäre. Bei Premieren ihrer Filme mussten berittene Polizisten das Publikum in Schach halten. Vor Kinokassen drängten sich Fans wie bei einer Hungersnot vor Bäckereitüren und brachen sich wegen einer Eintrittskarte fast den Hals.

Der Diva selbst, die in den Jahren vor dem Ersten Weltkrieg (1914–1918) diesen Rummel in Berlin entfachte, erschien der ganze Trubel dubios. Sie stand nämlich dem Kino kritisch gegenüber und betrachtete dieses als „Welt des Scheins" und als „verlogenes Orgelbrausen". Außerdem befand sie, die Filme, in denen sie mitwirkte, zeichneten sich durch gruseligen „Handlungskitsch" aus.

Nach einer Schiffsreise, bei der Asta Nielsen den schwedischen Oberleutnant und Reederssohn Ferdinand („Freddy") Wingaardh (1884–1964) kennenlernte, trennte sie sich von ihrem ersten Ehemann Urban Gad. 1916 ging Asta nach Dänemark zurück. 1918 erfolgte die offizielle Scheidung ihrer ersten Ehe.

An Silvester, 31. Dezember 1919, steuerte Asta Nielsen mit Ferdinand Wingaardh zum zweiten Mal den Hafen der Ehe an. 1920 gründete sie die „Art-Film", die mit ihr „Hamlet" (1921), „Fräulein Julie" (1921) und „Der Absturz" (1922) drehte, aber 1923 während der Inflation einging. „Der Absturz" handelte von der Liebe einer alternden Frau zu einem jüngeren Mann.

Dritter Ehemann von Asta Nielsen wurde 1923 der russische Schauspieler Gregorij Chmara (1886–1970), der in den frühen 1930-er Jahren in etlichen Filmen zu sehen war. Einer seiner bekanntesten Streifen heißt „Peter Voß, der Millionendieb" (1932).

Weil sie nicht mehr mit den Rollen zufrieden war, die man ihr im Film anbot, kehrte Asta Nielesen 1925 zum Theater zurück. Also dorthin, wo sie einst mit der Schauspielerei begonnen hatte. Mit „Kameliendame", „Der ideale Gatte" und anderen Theaterstücken unternahm sie Gastspielreisen.

Zu Asta Nielsens letzten Filmen zählten „Die freudlose Gasse" (1925) von Georg Wilhelm Pabst (1885–1967) zusammen mit Greta Garbo (1905–1990), „Dirnentragödie" (1926), „Das gefährliche Alter" (1927), „Die Büchse der Pandora" (1928) und ihr einziger Tonfilm „Unmögliche Liebe" (1932). Danach war noch ein Lustspielfilm geplant, aber daraus wurde schließlich nichts.

Die schwedische Schauspielerin Greta Garbo, die wie Asta Nielsen in „Die freudlose Gasse" vor der Kamera gestanden hatte, spendete ihrer dänischen Kollegin ein hohes Lob: „In der Ausdrucks- und Wandlungsfähigkeit bin ich im Vergleich zu ihr ein Nichts". In „Die freudlose Gasse" und „Dirnentragödie" stellte Asta überzeugend Frauen am untersten Rand der Gesellschaft dar.

Der Durchbruch des Tonfilms beendete Asta Nielsens Karriere, weil sie eine persönliche Abneigung gegen dieses „photographierte Theater" hatte und vielleicht auch ihr dänischer Akzent eine Rolle spielte. Andererseits meinen Experten, die vielseitige Schauspielerin mit ihrer

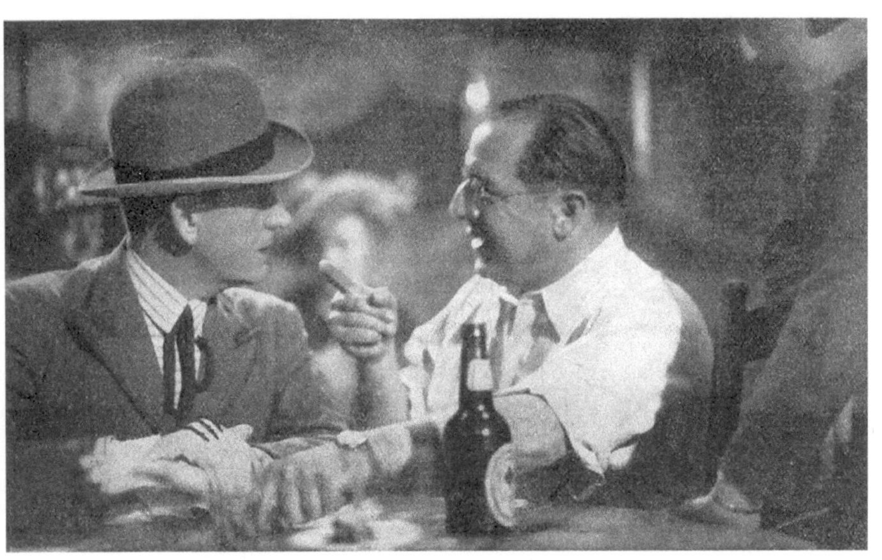

*Georg Wilhelm Pabst (1885–1967),*
*rechts auf dem Foto zu sehen,*
*zusammen mit dem Schauspieler Albert Préjean*
*während der Dreharbeiten*
*für den Film „Die Dreigroschenoper" (1931)*

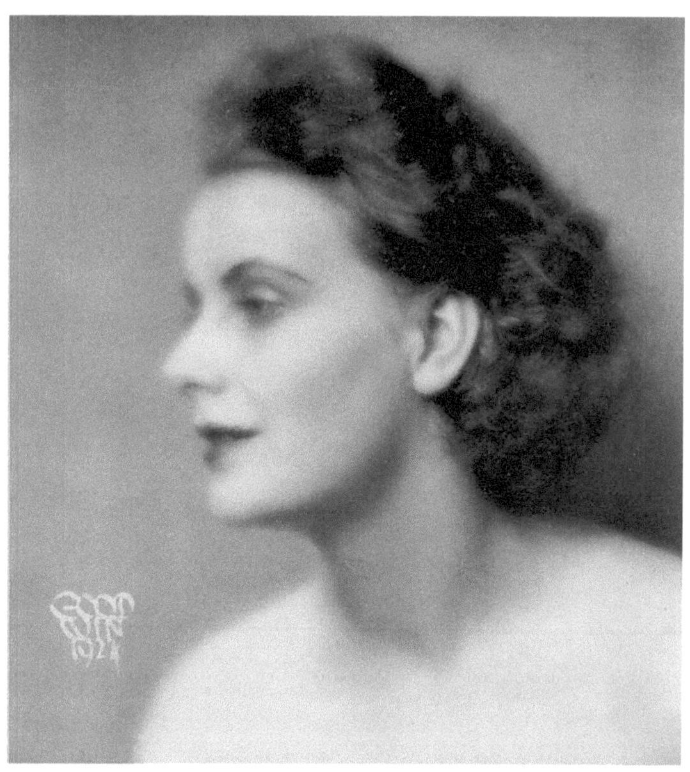

*Greta Garbo (1905–1990)*

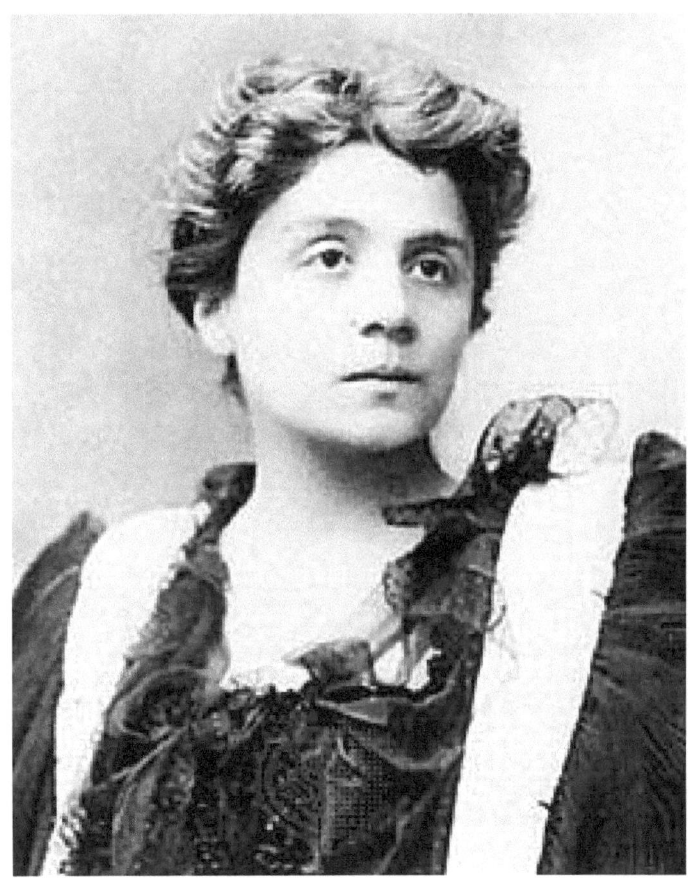

*Eleonora Duse (1858–1924)*

viel gerühmten Altstimme und dem „bronzenen Timbre" hätte keineswegs vor dem aufkommenden Tonfilm kapitulieren müssen.

Zur Zeit ihrer größten Erfolge lehnte Asta Nielsen verlockende Angebote aus London und Hollywood ab. Man bezeichnete sie damals als „Duse des Films". Eleonora Duse (1858–1924) war eine der gefeiertsten Theaterschauspielerinen der Welt und wurde „Göttliche der Theaterbühne" genannt.

1933 trat Asta Nielsen noch einmal in der Berliner „Scala" auf. Mit ihrer eigenen Truppe spielte sie auf Tourneen die „Kameliendame" und „Hedda Gabler". Auf Angebote der Nationalsozialisten für ein Comeback auf der Kinoleinwand ging sie nicht ein. Im September 1937 kehrte sie nach Kopenhagen zurück, wobei sie wegen des Devisenausfuhrverbotes einen beträchtlichen Teil ihres Vermögens in Deutschland verlor. Ihr Berliner Haus wurde während des Zweiten Weltkrieges (1939–1945) durch Bombenabwürfe zerstört.

Nach Kriegsende wurde Asta Nielsen von ihren Landsleuten als „Kollaborateurin" betrachtet. Im Juni 1947 erfuhr man aus der Presse, Asta habe das „Bristol-Kino" in Kopenhagen gekauft und wolle eigenhändig Eintrittskarten verkaufen. Danach lebte sie sehr zurückgezogen. 1948 sprach sie anlässlich eines Galaabends in der „Königlichen Oper" in Kopenhagen einen Prolog. 1945/1946 erschienen Asta Nielsens zweibändige Memoiren „Den tiende Muse" („Die schweigende Muse",

1961). Darin schilderte sie unter anderem ihre Begegnungen mit dem Kritiker Julius Bab (1880–1955), dem Tenor Enrico Caruso (1873–1921), dem Maler Erich Heckel (1883–1970), den Schauspielern Greta Garbo, Albert Bassermann (1867–1952) und Paul Wegener (1874–1948) sowie den Dichtern Gerhart Hauptmann (1862–1946) und Joachim Ringelnatz (1883–1934). Gelegentlich wurde Asta Nielsen von Reportern in ihrer gemütlichen Vorstadtwohnung in Kopenhagen besucht. Sie gewannen den Eindruck, dass Asta ihre Zurückgezogenheit genoss. Auch der Verlust ihres einst großen Vermögens konnte sie nicht erschüttern.

Für ihr langjähriges und hervorragendes Wirken im deutschen Film erhielt Asta Nielsen 1963 das „Filmband in Gold". Im Folgejahr 1964 starb ihr zweiter Ex-Mann Ferdinand („Freddy") Wingaardh. Wenige Monate später nahm sich ihre uneheliche Tochter Jesna nach dem Tod ihres Gatten, des Malers Grafikers und Sängers Paul Vermehren (1904–1964), das Leben.

Ein 1966 über Asta Nielsen gedrehter Dokumentarfilm blieb unaufgeführt, weil sie ihn ablehnte. 1968 wurde ihr in eigener Regie hergestellter autobiografischer Dokumentarfilm „Asta Nielsen" in Berlin ausgezeichnet. Neuen Lebensmut fand Asta Nielsen mit 85 Jahren durch die Freundschaft mit dem Galeristen Anders Christian Theede (1899–1988). Nach einem überstandenen Herzinfarkt heiratete die 88-jährige Asta am 21. Januar 1970 den merklich jüngeren Mann.

Am 25. Mai 1972 starb Asta Nielsen im Alter von 90 Jahren. Sie erlag in einem Kopenhagener Krankenhaus an den Folgen der Verletzungen, die sie bei einem Sturz im Badezimmer erlitten hatte. Ihre letzte Ruhe fand sie auf dem „Vestre Kirkegrad" (Westfriedhof) in Kopenhagen in einem anonymen Gemeinschaftsgrab.
Von deutschen Cineasten wird Asta Nielsen sehr verehrt. 1997 erschien das von Bärbel Dalichow und Allan O. Hagedorf herausgegebene Buch „Liebe mit achtzig. Asta Nielsen – Christian Thede. Briefe". Im September 2010 ehrte man sie mit einem Stern auf dem „Boulevard der Stars" in Berlin. An dem Wohnhaus in der Fasanenstraße, in dem sie einst lebte, erinnert eine Gedenktafel an sie.

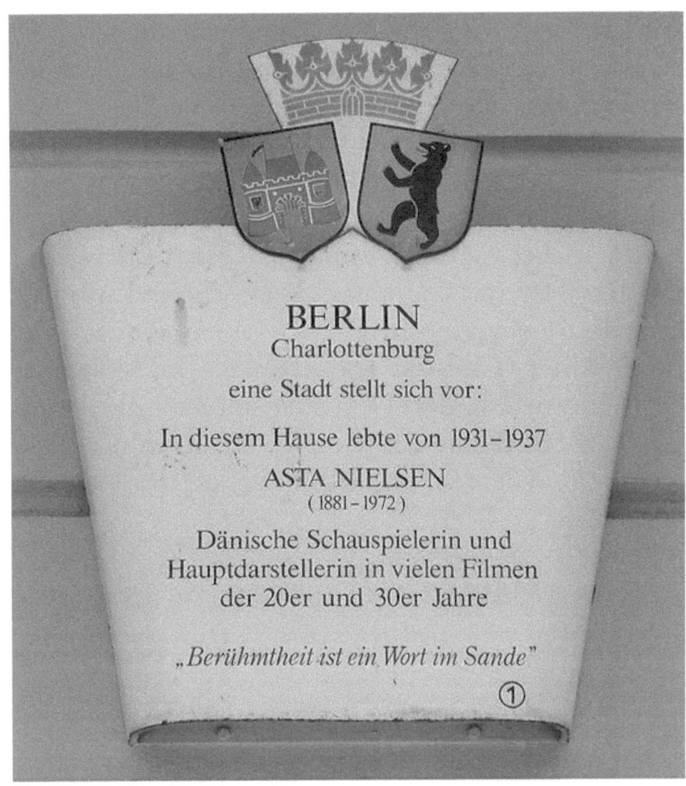



*Gedenktafel am Wohnhaus in der Fasanenstraße 69
in Berlin, in dem Asta Nielsen einst lebte*

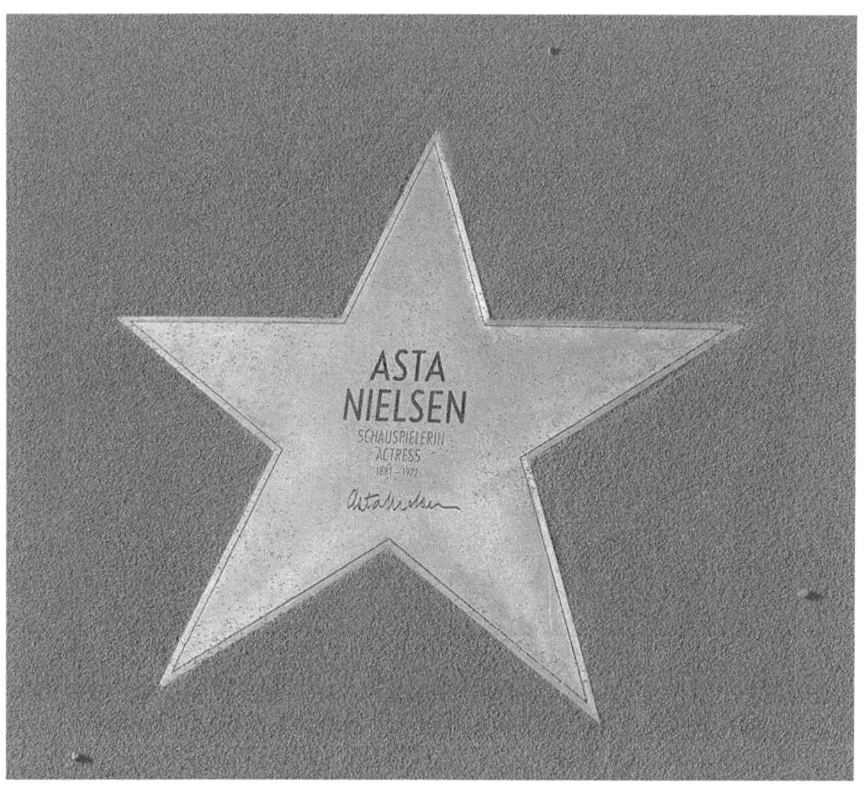


*Stern für Asta Nielsen*
*auf dem „Boulevard der Stars" in Berlin*

# Filme von Asta Nielsen

Stummfilme
1910: Abgründe (Afgrunden) – Regie: Urban Gad
1911: Heißes Blut – Regie: Urban Gad
1911: Nachtfalter – Regie: Urban Gad
1911: Der schwarze Traum (Den Sorte drøm) –
Regie: Urban Gad
1911: Im großen Augenblick – Regie: Urban Gad
1911: Ballettänzerin (Balletdanserinden) – Regie:
August Blom
1911: Der fremde Vogel – Regie: Urban Gad
1911: Die Verräterin – Regie: Urban Gad
1912: Die Macht des Goldes – Regie: Urban Gad
1912: Die arme Jenny – Regie: Urban Gad
1912: Zu Tode gehetzt – Regie: Urban Gad
1912: Der Totentanz (Fragment, 429 Meter) – Regie
und Drehbuch: Urban Gad
1912: Die Kinder des Generals – Regie: Urban Gad
1912: Wenn die Maske fällt – Regie: Urban Gad
1912: Das Mädchen ohne Vaterland – Regie: Urban
Gad
1912: Jugend und Tollheit –Regie: Urban Gad
1913: Die Sünden der Väter – Regie: Urban Gad
1913: Die Suffragette – Regie: Urban Gad
1913: S1 – Regie: Urban Gad

1913: Die Filmprimadonna – Regie: Urban Gad
1914: Engelein – Regie: Urban Gad
1914: Zapatas Bande – Regie: Urban Gad
1914: Die falsche Asta Nielsen – Regie: Urban Gad
1914: Weiße Rosen – Regie: Urban Gad
1915: Vordertreppe – Hintertreppe – Regie: Urban Gad
1916: Engeleins Hochzeit – Regie: Urban Gad
1916: Das Eskimobaby – Regie: Walter Schmidthässler
1916: Das Liebes-ABC – Regie: Magnus Stifter
1916: Dora Brandes – Regie: Magnus Stifter
1916: Im Lebenswirbel – Regie: Heinz Schall
1916: Die Börsenkönigin – Regie: Edmund Edel
1917: Das Versuchskaninchen – Regie: Edmund Edel
1919: Rausch – Regie: Ernst Lubitsch
1919: Das Ende vom Liede – Regie: Willy Grunwald
1919: Der Fackelträger (Mod lyset) – Regie: Holger Madsen
1920: Der Reigen – Ein Werdegang – Regie: Richard Oswald
1920: Mata Hari – Regie: Ludwig Wolff
1921: Hamlet – Regie: Svend Gade
1921: Irrende Seelen/Sklaven der Sinne – Regie: Carl Froelich
1921: Fräulein Julie – Regie: Felix Basch

1921: Die Geliebte Roswolskys – Regie: Felix Basch
1922: Vanina – Die Galgenhochzeit – Regie: Arthur
von Gerlach
1922: Der Absturz – Regie: Ludwig Wolff
1923: Erdgeist – Regie: Leopold Jessner
1923: Das Haus am Meer  – Regie: Fritz Kaufmann
1924: Lebende Buddhas – Regie: Paul Wegener
1924: I.N.R.I. – Regie: Robert Wiene
1925: Die freudlose Gasse – Regie: Georg Wilhelm
Pabst
1926: Laster der Menschheit – Regie: Rudolf
Meinert
1927: Dirnentragödie – Regie: Bruno Rahn
1927: Gehetzte Frauen – Regie: Richard Oswald
1927: Kleinstadtsünder – Regie: Bruno Rahn
1927: Das gefährliche Alter – Regie: Eugen Illés

Tonfilme
1932: Unmögliche Liebe – Regie: Erich Waschneck

Quelle: Wikipedia

# Literatur

FEMBIO Frauen-Biographie-Forschung
http://www.fembio.org
INTERNET MOVIE DATABASE
(Film-Datenbank) http://www.imdb.com
NIELSEN, Asta: Die schweigende Muse – Lebens-
erinnerungen, München 1977
PROBST, Ernst: Superfrauen 7 – Film und Theater,
Mainz-Kostheim 2001
PUBLIKUMSLIEBLINGE NICHT NUR VON
GESTERN http://www.steffi-line.de
Internetseite von Stephanie D'heil, Düsseldorf
SEYDEL, Renate / HAGEDORFF, Allan (Heraus-
geber): Asta Nielsen – Ihr Leben in Fotodokumenten,
Selbstzeugnissen und zeitgenössischen Betrachtungen,
Berlin 1981
SIEGBURG, Friedrich: Das sprachlose Gesicht. Asta
Nielsen zum achtzigsten Geburtstag am 11. September.
Frankfurter Allgemeine Zeitung, 9. September 1961,
Frankfurt am Main
WIKIPEDIA (Online-Lexikon) http://wikipedia.org
WINNERT, Derek (Herausgeber): Asta Nielsen. Aus:
Kino. Die große Welt der Filme und Stars, S. 300– 301,
Niedernhausen 1995

# *Bildquellen*

Klaus Benz, Fotograf, Mainz-Laubenheim: 36

Henri B. Goodwin (auch Henry Buergel Goodwin oder Heinrich Karl Hugo Bürgel, 1878–1931, schwedischer Fotograf, Foto von 1924): 19

Bundesarchiv, N 1275 Bild-289/CC-BY-SA (Foto von 1898): 12 (via WikimediaCommons), lizensiert unter CreativeCommons-Lizenz by-sa-3.0-de http://creativecommons.org/licenses/by-sa/3.0/de/legalcode

Library of Congress, Prints and Photographs Division, Washington (Foto von 1911): 1

Axel Mauruszat: 24 (via Wikimedia Commons), Gemeinfreiheit

Reproduktion einer Zeitungsanzeige im November 1913 in Essen: 14

Reproduktion eines Fotos von Aimé Dupont (1842–1900) von 1896: 20

Reproduktion eines Fotos des deutschen Fotografen
Waldemar Titzenthaler (1869–1937) von 1925: 6
Reproduktion eines Fotos von 1931: 18

Reproduktion eines Porträts aus dem Buch „Bibliothek
des allgemeinen und praktischen Wissens. Abriss der
Weltliteratur", Band 5 (1905): 8

Times/CC-BY-SA3.0: 25 (via Wikimedia Commons),
lizensiert unter CreativeCommons-Lizenz by-sa-3.0-de
http://creativecommons.org/licenses/by-sa/3.0/
legalcode

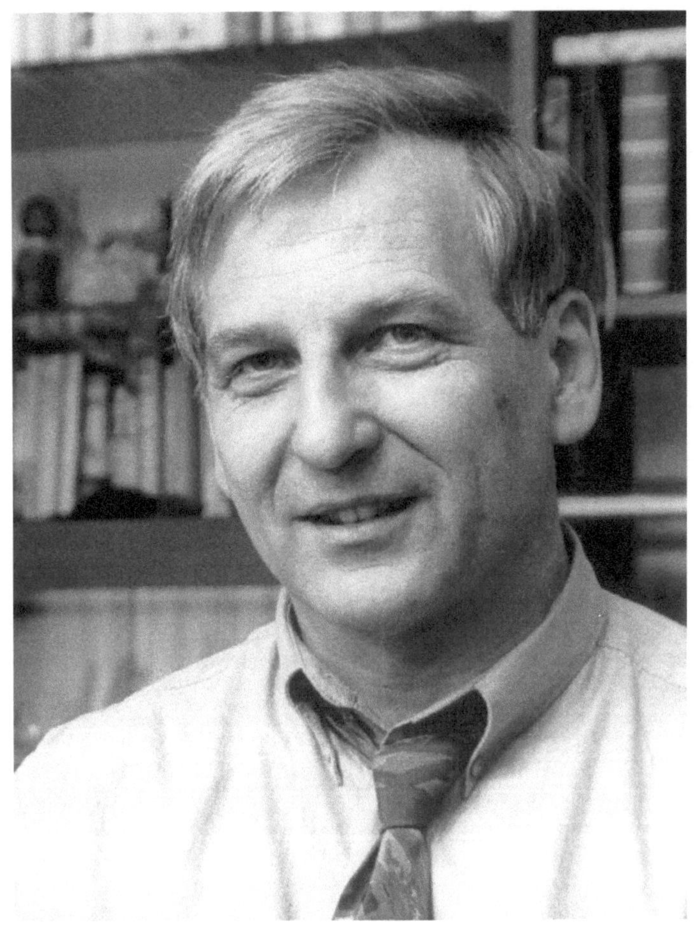

*Autor Ernst Probst*

# Der Autor Ernst Probst

Ernst Probst, geboren am 20. Januar 1946 in Neunburg vorm Wald im bayerischen Regierungsbezirk Oberpfalz, ist Journalist und Wissenschaftsautor. Er arbeitete von 1968 bis 1971 als Redakteur bei den „Nürnberger Nachrichten", von 1971 bis 1973 in der Zentralredaktion des „Ring Nordbayerischer Tageszeitungen" in Bayreuth und von 1973 bis 2001 bei der „Allgemeinen Zeitung", Mainz. In seiner Freizeit schrieb er Artikel für die „Frankfurter Allgemeine Zeitung", „Süddeutsche Zeitung", „Die Welt", „Frankfurter Rundschau", „Neue Zürcher Zeitung", „Tages-Anzeiger", Zürich, „Salzburger Nachrichten", „Die Zeit", „Rheinischer Merkur", „Deutsches Allgemeines Sonntagsblatt", „bild der wissenschaft", „kosmos", „Deutsche Presse-Agentur" (dpa), „Associated Press" (AP) und den „Deutschen Forschungsdienst" (df). Aus seiner Feder stammen die Bücher „Deutschland in der Urzeit" (1986), „Deutschland in der Steinzeit" (1991) und „Deutschland in der Bronzezeit" (1996). Von 2001 bis 2006 betätigte sich Ernst Probst als Buchverleger sowie zeitweise als internationaler Fossilienhändler und Antiquitätenhändler. Insgesamt veröffentlichte er rund 200 Bücher, Taschenbücher, Broschüren und E-Books.

# *Bücher von Ernst Probst*

*(Auswahl)*

Als Mainz noch nicht am Rhein lag

Annie Oakley
Die Meisterschützin des Wilden Westens

Archaeopteryx. Der Urvogel
aus Bayern

Christl-Marie Schultes. Die erste Fliegerin in Bayern
(zusammen mit Theo Lederer)

Cortés und Malinche. Der spanische Eroberer
und seine indianische Geliebte

Der Europäische Jaguar

Der Mosbacher Löwe
Die riesige Raubkatze aus Wiesbaden

Der Rhein-Elefant
Das Schreckenstier von Eppelsheim

Der Sögel-Wohlde-Kreis

Die nordische Bronzezeit in Deutschland

Die Hügelgräber-Kultur  in Deutschland

Die ältere Bronzezeit in Nordrhein-Westfalen

Die Bronzezeit in der Lüneburger Heide

Die Stader Gruppe

Die Oldenburg-emsländische Gruppe

Die Urnenfelder-Kultur in Deutschland

Die ältere Niederrheinische Grabhügel-Kultur

Die Unstrut-Gruppe

Die Helmsdorfer Gruppe

Die Saalemündungs-Gruppe

Die Lausitzer Kultur in Deutschland

Eiszeitliche Leoparden in Deutschland

Frauen im Weltall

Hildegard von Bingen. Die deutsche Prophetin

Höhlenlöwen. Raubkatzen
im Eiszeitalter

Julchen Blasius
Die Räuberbraut des Schinderhannes

Katharina II. die Große.
Die Deutsche auf dem Zarenthron

Johann Jakob Kaup
Der große Naturforscher aus Darmstadt

Königinnen der Lüfte in Deutschland

Königinnen der Lüfte in Europa

Königinnen der Lüfte in Amerika

Königinnen der Lüfte von A bis Z

Rund 70 Kurzbiografien berühmter Fliegerinnen,
Ballonfahrerinnen, Luftschifferinnen,
Fallschirmspringerinnen, Astronautinnen und
Kosmonautinnen

Königinnen des Films

Königinnen des Tanzes

Königinnen des Theaters

Malende Superfrauen

Meine Worte sind wie die Sterne

Die Entstehung der Rede des Häuptlings Seattle
(zusammen mit Sonja Probst)

Monstern auf der Spur
Wie die Sagen über Drachen, Riesen
und Einhörner entstanden

Neues vom Ur-Rhein
Interview mit dem Geologen und Paläontologen
Dr. Jens Sommer

Österreich in der Frühbronzezeit

Österreich in der Mittelbronzezeit

Österreich in der Spätbronzezeit

Pompadour und Dubarry. Die Mätressen
von Louis XV.

Raub-Dinosaurier von A bis Z.
Mit Zeichnungen von Dmitry Bogdanav
und Nobu Tamura

Rekorde der Urmenschen
Erfindungen, Kunst und Religion

Rekorde der Urzeit
Landschaften, Pflanzen und Tiere

Säbelzahnkatzen. Von Machairodus
bis zu Smilodon

Säbelzahntiger am Ur-Rhein. Machairodus
und Paramachairodus

Superfrauen aus dem Wilden Westen

Superfrauen 1 – Geschichte

Superfrauen 2 – Religion

Superfrauen 3 – Politik

Superfrauen 4 – Wirtschaft und Verkehr

Superfrauen 5 – Wissenschaft

Superfrauen 6 – Medizin

Superfrauen 7 – Film und Theater

Superfrauen 8 – Literatur

Superfrauen 9 – Malerei und Fotografie

Superfrauen 10 – Musik und Tanz

Superfrauen 11 – Feminismus und Familie

Superfrauen 12 – Sport

Superfrauen 13 – Mode und Kosmetik

Superfrauen 14 – Medien und Astrologie

Tony und Bruno Werntgen. Zwei Leben für die Luftfahrt
(zusammen mit Paul Wirtz)

Was ist ein Menhir?
Interview mit dem Mainzer Archäologen
Dr. Detert Zylmann

Weisheiten der Indianer

Wer ist der kleinste Dinosaurier?
Interviews mit dem Wissenschaftsautor Ernst Probst

Wer war der Stammvater der Insekten?
Interview mit dem Stuttgarter Biologen
und Paläontologen Dr. Günther Bechly

Zenobia von Palmyra.
Eine Frau kämpft gegen die Römer

Bestellungen bei: http://www.grin.com